KB200234

하나님, 오늘은 어떠셨나요?

아버지의 마음이 있는 곳으로

내 마음도 따라갑니다

하나님,
오늘은
어떠셨나요

글·그림
김유림
(라이트니스)

규장

"아버지의 마음이 있는 곳으로"

좁은 곳, 관계가 깨어진 곳, 사람들이 찾지 않는 곳이라 내 마음을 두지 않았었는데 그곳이 바로 하나님 아버지께서 마음을 두고 바라보시는 곳이었습니다. 그걸 깨닫고 그분의 눈길이 머문 그곳에서 아버지의 마음을 배우며 잘 살아내고 싶었지만 그러지 못했습니다.

때로는 짜증도 내고 미운 마음을 품거나 사랑보다는 이기적인 선택을 한 적도 있었죠. 그렇게 넘어지고 또 넘어졌지만, 하나님께서는 포기하지 않도록 도와주셨고 그곳에서 만나게 하신 분들을 통해 아버지의 마음을 하나씩 알려주셨습니다.

그분은 작고 작은 자의 평생 부모가 되어주시고, 자녀를 위해 좋은 것을 주시는 분이셨죠. 때로는 자녀를 위해 대신 아파해주고 싶어 하셨던 부모님의 마음과도 참 많이 닮아 있었습니다. 내가 알지 못했을 뿐 무너졌다고 생각했던 그곳에는 이미 아버지의 마음과 손길이 있었습니다.

온실 속 화초처럼 평안하게 하나님을 예배하며 살고 싶었던 적이 있었습니다. 하지만 하나님께서는 아버지의 마음을 가지고 온실이 아닌 이미 망가지고 척박한 곳에서 당신의 마음을 심는 삶을 우리에게 주셨습니다. 당신의 잃어버린 자녀가 돌아오고 무너진 곳이 회복될 수 있도록, 아버지의 마음을 배우고 전하는 자로 우리를 불러주셨습니다.

그 삶이 비록 행복하진 않을 수 있으나 하나님과 동행하는 삶이고 아버지의 마음을 배우는 최고의 삶일 겁니다. 그곳에 아버지의 마음이 있기 때문입니다.

아버지의 마음이 있는 곳에서 보여주셨던 마음들을 글과 그림으로 담아보았습니다. 비록 그분의 마음 중 작은 부분이지만 아버지의 마음을 알아가고자 하는 분들께, 또 그분의 시선이 머문 곳으로 향하는 분들께 이 책이 조금이나마 도움이 되었으면 좋겠습니다.

프롤로그

차
례

PART

04

아버지의 마음을

배우다

아버지는
포기하지 않으셨습니다

아버지의

눈길이

머문 곳에

무너진 곳

아버지께서 마음을 두신 곳
그분의 눈길이 머문 곳은
어쩌면 많이 부서졌고
이미 무너진 곳일지도 모릅니다.
때론 악취가 나기도 하고
사람들의 발길이 끊어진 곳 말이죠.

하지만 그곳은
아버지께서 유독 관심을 두고 계신 곳은 아닐까요.
속상한 마음에 남들보다 더 챙겨주고 싶은 마음이 드는 곳
아버지의 시선이 계속 머무는 곳
아버지의 손길을 경험하고
그분의 마음을 배울 수 있는 곳

척박한 곳
무너진 곳은 어쩌면
하나님께 아픈 손가락일지도 모릅니다.

굳이 묻지 않아도
굳이 말하지 않으셔도
알고 있습니다.
그곳에 아버지의 마음이 오래도록 머물고 있다는 것을요.

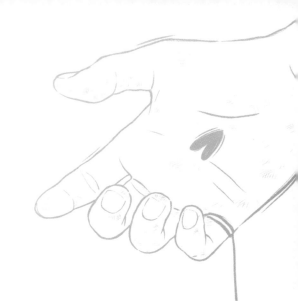

아버지와 관계가
끊어진 곳이 바로 무너진 곳이고
그분의 마음과 눈물이 머문 곳입니다.

삶이 아프고 힘겨운 이유는
하나님과 관계가
끊어졌기 때문입니다.

눈에 밟히는 사람

무너진 곳이 아버지 눈에 밟히는 이유는
그분의 사랑하는 자녀가 그곳에 있기 때문일 겁니다.
아버지 없이 그곳에서 아파하고
힘든 삶을 살아갈 것을 알기에
마음이 가고 또 눈에 밟히는 것이죠.

그렇게 하나님을 떠난 삶은 곧
아버지와 자녀 모두에게 아픔이 됩니다.
그분 안에서 누릴 수 있는 관계의 복이
끊어졌기 때문이죠.
힘든 세상살이에 도와주고 싶어도 도와줄 수가 없고
위로 한마디 해줄 수도 없습니다.

아버지와 관계가 끊어져
아파하고 절망에 빠진 사람들.
그들이 바로
아버지께서 되찾아야 할 자녀들이고,
그들이 아버지께 돌아오는 것이
그분께서 가장 기뻐하시는 일입니다.

잃어버린 자녀를 찾으셨기 때문입니다.

희
망

하나님께서 못 하시는 것이 있습니다.
바로
꿈을 포기하는 것
기대를 내려놓는 것이죠.

그렇게 하나님께서는
이미 무너지고 소망이 보이지 않는 곳에서도
여전히 꿈을 꾸시고
희망의 씨앗을 심으십니다.

때로는 그분의 때를 위해 지체하시고
오래 기다리기도 하시지만
그렇다고 포기하진 않으십니다.

포기를 못 하시죠.
돌아와야 할 그분의 자녀들이 있기 때문입니다.

그분은 언제나 무너진 곳에 회복을 말씀하셨고,
우리와 함께 그 꿈을 이루길 원하셨습니다.

우리가 그분의 희망입니다.

여기야

네가 이곳에

희망이 되어줬으면 좋겠단다

작아 보였습니다.
적들의 침입에 마냥 두려워하는 이스라엘이.
싸울 능력이 없어 하나님께 도움을 구하면
하나님께서 우레로 때로는 지진으로
대신 싸워주시는 모습이 말이죠.

싸울 능력 하나 없는 이스라엘이
내 눈에는 보잘것없어 보였습니다.

"그래서 선택한 거야"

하나님께서는
이스라엘이 작기 때문에 선택하셨다 합니다.
하나님께서 일하실 수 있도록.
어쩌면 하나님은
그렇게 작아질 때까지 기다리셨는지도 모르겠습니다.
당신의 능력을 보여주시기 위해서 말이죠.

나도 동일하다 하십니다.

"작고 보잘것없어 보이는 이스라엘을
끝까지 놓지 않고 이끌었던 것처럼 그렇게
네 손도 놓지 않을 거란다.
그러니 두려워하지 마"

이스라엘은 결코 크지 않았습니다.
그 작은 이스라엘을 이끄신 하나님의 손이 컸을 뿐.
그 크신 하나님의 손길이
내 삶 또한 이끌어주신다 합니다.
작고 보잘것없어 보이는 내 인생 가운데 찾아오셔서
당신의 크심을 보여주겠다 하십니다.

은혜입니다.

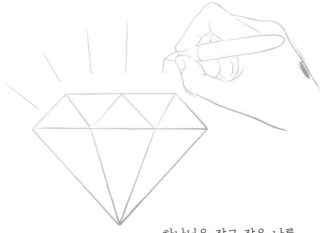

하나님은 작고 작은 나를
특별하게 생각해주십니다.

옳은 행동을 해야만
하나님의 사랑을 받는다고 생각하진 않았습니다.
하지만 적어도
그분께서 기뻐하지 않으시는 행동을 하면
나를 미워하신다는 생각이 은연중에 있었죠.
'내가 옳지 않은 행동을 하면 나를 싫어하신다'
그 생각에 집중하다 보니
바르게 살아야만 했고,
그렇게 살지 못해 그분께 나아가는 게 어려웠습니다.

편하게 있어!

사실 우리의 관계는 내 행위가 아니라
그분의 사랑이 기초였습니다.
그분이 사랑으로 나를 먼저 찾아오셨고
관계를 이끌어 가셨죠.
그간 내가 죄를 짓고도 그분께 돌아갈 수 있었던 이유는
나의 옳은 행위가 아니라
그분의 사랑이 우리의 관계를 이끌었기 때문이었습니다.

그분 안에서 자유함을 누리렵니다.
내 모습과 상관없이
내 행동과 상관없이
여전히 나를 사랑해주시는 그분과의 관계 안에서
그 사랑을 누리며 살아가렵니다.

관계의 기초는 나의 행위가 아니라
그분의 사랑이었습니다.

작은 자의 부모

도움이 필요한 사람들에게
작은 친절을 베풀 때가 있었습니다.
자주는 아니었지만 그럴 때마다 하나님께서는
"고맙다"라고 말씀해주셨죠.

마치 자신을 돌볼 힘이 없는 형제자매에게
부모님을 대신해 도움을 주었을 때
잘했다, 고맙다 말씀하시는 것처럼.

자신이 도움을 받은 것처럼
고맙다, 사랑한다 말씀하십니다.
하나님은 그들의 부모가 되시기 때문이죠.
자식은 곧 부모 자신이니
그들에게 한 것이 곧 그들의 부모이신
하나님 아버지께 드린 것이 됩니다.

하나님께서는 언제나 고아와 과부와 나그네를 생각하셨고,
보호해줄 사람이 없는 자들의 보호자가 되어주셨습니다.

그런 아버지의 마음을 받아 우리 주변에도
작은 자들을 돕는 손길들이 많았으면 좋겠습니다.

또 누구든지 제자의 이름으로 이 작은 자 중 하나에게
냉수 한 그릇이라도 주는 자는 내가 진실로 너희에게 이르노니
그 사람이 결단코 상을 잃지 아니하리라 하시니라

마 10:42

고맙단다

이
땅
에

오
신

이
유

하나님은 죄인인 우리를 사랑하셨고,
당신의 아들을 이 땅에 보내시면서까지
우리에게 전하시고 싶은 메시지가 있었습니다.

"죽도록 사랑한단다"

아버지의 마음은 맞지만
알려주시는 메시지의 전부는 아니었습니다.
예수님은 단순히 사랑의 크기를 보여주기 위해
이 땅에 오신 것이 아니었죠.

"사랑하니 돌아와라"

아버지는 이 메시지를 전하시기 위해
죄인들의 삶 가운데 들어가는 삶을 선택하셨습니다.
자신이 의롭다 생각하는 사람들과 맞섰고
죄인들과 함께 먹고 마시셨죠.
죄인들을 찾아가 메시지를 전했고
관심조차 주지 않는 자들의 친구가 되어주셨습니다.

"용서했으니 돌아와라.
사랑한단다"

아버지는 의인을 부르러 온 것이 아니라,
죄인을 불러 회개시키기 위해 이 땅에 오셨습니다.

이 줄은 결코 끊어지지 않을 거야

아들을 아들 삼기 위해

처음에는 누군가의 아들이었고
후에는 아버지가 됩니다.
아버지는 아들을 기르고 그 아들은
또 누군가의 아버지가 되죠.
아버지와 아들
이 작고 작은 인생들이 이어져 역사가 되고
하나의 족보를 만들어갑니다.

죄로 인해 죽어야 했던 죄인들의 인생은
시대마다 끊어질 듯했지만
끊어지지 않았죠.
어떤 역사든지 이 땅에는 남은 자들이 있었고,
그들의 작고 작은 삶들이 모이고 엮이어
하나님의 역사가 이뤄졌죠.

결국 끊어지지 않은 역사 속에서
하나님은 죄인들의 삶 가운데 찾아오셨고
그분의 구원 이야기를 완성하셨습니다.

죄가 범람했던 시간 속에서도
구원의 이야기가 실패하지 않았던 이유는
아들을 아들 삼기 원하셨던
하나님의 간절한 마음 때문이었습니다.

그분은 참 목자셨습니다.

선한
목자

목자가 없어 이리에게 상처받고 찢긴 양들을
선한 목자는 못 본 체할 수가 없었습니다.
그 양들을 불쌍히 여기고 그들의 목자가 되어주셨죠.
갖은 상처로 자신을 신뢰하지 못하는 양에게
안전과 보호를 약속하셨습니다.

더 이상 이리에게 찢기지 말라고
당신께 피하라 얘기하셨죠.
상처받은 양들을 설득하셨고
안전한 무리 안에 들어오도록 기다려주셨습니다.

목자가 되어주셨다는 건
언제 닥칠지도 모를 위험으로부터
끝까지 지켜주시겠다는 말입니다.
당신의 양을 대신해 목숨을 버리기까지 싸우시겠다는 거죠.

예수님이 우리의 선한 목자가 되어주셨습니다.

그분은 죽음 앞에서도 담대하게
자신의 양들을 지키셨습니다.

그분은 참 목자셨습니다.

희로애락

하나님께서 우리를 직접 선택하셨다는 건
우리의 인생사를 함께해주시겠다는 말입니다.

일을 이루기 위해 고생할 때
항상 옆에서 응원해주시고
이뤄낸 결과에 대해 진심으로
기뻐하며 손뼉 쳐주시겠다는 것이죠.

속상하고 슬플 때는 함께 울어주시고
언제나 위로해주신다는 말입니다.
아픈 마음을 툭툭 털어내고 일어날 때까지
격려도 해주시죠.

억울하고 화가 날 때는
언제나 내 편이 되어주시고
도와주겠다 하십니다.

즐거울 때는 너와 함께 즐거워하겠다 하시죠.
그것이 당신의 즐거움이라고 하십니다.

그분께서 우리를 의지적으로 선택하신 것에는
삶의 희로애락을 함께하고 싶으신
그분의 마음이 담겨있습니다.

그분은 내 삶의 모든 여정을
함께해주십니다.

포기하고 얻은 것

아이를 키우며
그간 누려왔던 삶의 여유와
자유를 내려놓았다 합니다.
집과 직장을 옮겨야 했고
때로는 자존심이 상하거나
수치스러운 일을 겪기도 했다고.
그렇게 누려왔던 일상을 내려놓고
사랑하는 자녀를 얻었다 합니다.

그 모습이
하나님과 참 많이도 닮았습니다.

하늘의 영광을 다 버리고
낮은 이 땅에 오셔서
우리의 모든 짐을 짊어지셨던 예수님.
그분은 우리를 또 나를
자녀 삼아주셨죠.

그분은
하늘의 영광도 목숨도 다 내려놓고
사랑하는 자녀를 얻으셨습니다.
그렇게 사랑을 이루셨습니다.

희생 없이 얻은 사랑은 사랑이 아닙니다.
만약 포기 없이 사랑을 얻었다면 그것은
자기기만일 겁니다.

희생 없이는 사랑을 시작할 수도
끝까지 이룰 수도 없습니다.

사랑은 언제나 이타적이기 때문입니다.

예수님은 내가 있어야 할
죄의 자리를
대신해주셨습니다.

우리가 아직 죄인 되었을 때에 그리스도께서 우리를 위하여 죽으심으로
하나님께서 우리에 대한 자기의 사랑을 확증하셨느니라 롬 5:8

산산조각 난 마음

자식이 아프면
자식에게 문제가 생기면
부모의 마음은
똑같이 아픈 게 아니라
무너집니다.
그렇게 산산조각이 나죠.

산산조각이 난다는 말은
내 마음이 이 정도로 아프니
말을 잘 들으라는 의미가 아니라
자식을 위해 대신 아파주고 싶다는
부모의 간절한 마음이 담긴 말입니다.

자식은 부모의 모든 것이기 때문이죠.

죄인들을 향한 하나님 아버지의 마음도 그러셨습니다.
대신 아파해주셨고,
대신 죽어주셨습니다.

그렇게 무너진 마음으로
사랑을 온전히 이루셨습니다.

탕부의 마음

언제나 돌아올까 고대했습니다.
자신이 원하는 대로 살고 싶어 나간 아들을.

알고 있었습니다.
나와 함께하지 않는 그 삶은
고통과 아픔의 시간이라는 것을

가장 힘든 시간 그 고통의 시간에
나를 기억했으면 좋겠습니다.
내 마음은 몰라줘도
내가 그동안 보여줬던 나의 인자함과 사랑을
기억할 수 있었으면 좋겠습니다.

고통의 시간을 보낸 후에
자신은 혼자 살 수 없는 존재임을 깨닫고
언제나 자신을 받아주는 아버지께
돌아올 수 있다면 그럼 된 것입니다.

그동안의 손해와 마음의 속 썩임은
아버지께 돌아오는 그 행위로
모든 것을 갚은 것이 되었기에.

언제 돌아와도 용서할 겁니다.
처음부터 지금까지 언제나
그는 내 아들이었기 때문이죠.
사람들은 욕하고 불효자라 하겠지만
나는 괜찮습니다.
부모라면 누구나 그렇게 했을 겁니다.
부모 얼굴에 먹칠을 해도 끝까지 지켜줘야 할
그는 내 아들입니다.

탕자의 마음

아버지께 배운 삶이 아닌
내 맘대로 사는 삶을 선택했습니다.

긴 시간이 지난 후에 알게 되었죠.
결국 난 혼자라는 것을.
현실적인 문제, 마음의 문제
그 어느 것 하나 스스로 해결하지도
책임지지도 못한다는 것을.
그분과 함께하지 않는 삶.
그 자체가 나에게는 큰 고통이라는 것까지.

나중에 알았습니다.
아버지 안에 있을 때 형통할 수 있다는 것을 말이죠.

나는 과연 그동안 그분과
마음을 터놓고 얘기한 적이 있었던가요.
내가 그분을 무시한 것은 아니었을까요.

많은 빚과 짐을 지고 종 된 모습으로 그분께 돌아갔을 때
그분은 신발을 벗은 채 뛰어나와
더럽기만 한 나를 안아주셨습니다.
내 몸과 마음의 짐을 내려주시고는
나를 아들이라 불러주셨죠.

내가 지닌 수많은 연약함에도 불구하고
지금 나의 나 된 것은 다
아버지의 변함없는 사랑 덕분이었습니다.
그분의 사랑이 나를 돌이키게 만들었습니다.

아버지로부터 돌아서지 않으렵니다.
나 혼자서는 살아갈 수 없음을,
그분과 함께 사는 삶이 나에게 큰 행복임을
이제 알았습니다.

사랑하는 아들아
돌아와줘서 고맙단다

두 번째 탕자의 마음

나는 용서할 수 있을까요
과연 나는 아버지의 마음을 이해할 수 있을까요

아버지를 버리고 떠난 아들
저는 아버지께서 그를 버렸다고 생각했습니다.
못된 행실로 부모의 얼굴에 먹칠까지 한 아들이기에.

돌아온 동생에게 베푸는 아버지의 모습을 보면서
그를 받아주시는 모습에 화가 났습니다.
버림받아 마땅한 사람을 단번에 받아주시고,
모든 걸 베푸신 아버지께.

후에 알았습니다.
아버지의 마음을 모르고서도
아버지 옆에 있을 수 있다는 것을.
그게 바로 나라는 것을.

그분과 함께였지만
그분의 마음을 알아드리지 못했습니다.
밤새 불을 밝히셨던 마음도 나는 알지 못했죠.
생각해보니 용서는 내가 하는 게 아니라
아버지가 하시면 되는 거였습니다.
그 뜻을 따라드리는 게 효도였습니다.

이미 내 삶에는 형통이 있었습니다.
그동안 내 마음의 평안, 먹고사는 문제의 해결.
모두 아버지께서 책임져주신 거였죠.

아버지의 마음을 이해하는 데
많은 시간이 걸렸습니다.
이제는 아버지의 마음을 따라드리고 싶습니다.

하나님의 마음을 안다는 것은 단순히 아는 것에 그치지 않습니다.
그 마음을 가지고 살아내는 것까지입니다.

대
가
족

우리 아버지는 자녀가 참 많으십니다.

사는 곳도 다르고
언어도, 각자의 처지도 다 다르지만
아버지의 형상대로 지음받은 우리는 모두
그분의 자녀들입니다.

아버지께서는 각 자녀의 상황을 살피시고
잘 보살펴주시지만
항상 그분의 사랑을 독차지하진 못합니다.
시린 손가락에 마음이 더 가는 게
아버지의 마음이기 때문이죠.

때로는 포기해야 할 것들이 생기고
다른 동생들을 섬겨줘야 할 때도 있습니다.
아버지의 마음을 썩이는 동생들을 타이르기도 하고
아버지의 아픈 이야기를 들어드리기도 하죠.

나 하나 잘산다고 끝나는 게 아닙니다.

우리는 아버지의 가정 안에서
징글징글하지만 애틋한 관계.
하지만 누가 뭐라고 해도 내 편이 되어주는
그분의 자녀들이 많이 있습니다.

아
들
딸
바
보

한 영혼이 그에게 돌아온다는 것은
가정에 새 생명이 태어나는 것과 같습니다.
그로 인해 아버지의 가정에 웃음꽃이 피고
아버지의 얼굴에 미소가 번지는 거죠.

손이 많이 가고
신경 써야 할 것들이 늘어나지만
그 불편함을 이겨냅니다.
비교할 수 없는 기쁨을 얻었기 때문이죠.

하나님 아버지는
아들 바보, 딸 바보
그렇게 자식 바보일지 모릅니다.

나를 향한 그분의 사랑을
더이상 의심하지 않겠습니다.

사랑받고 있다는 믿음

어린아이는
부모가 자신의 마음대로 해주지 않을 때
자신이 사랑받고 있지 않다고 생각한다 합니다.
그러면서 부모의 사랑을 확인하고 싶어 하죠.
사실 부모는 이미 사랑의 큰 대가를 지불했고,
계속 성실히 지불하고 있는데도 말이죠.

하나님과의 관계도 그런 것 같습니다.
내가 원하는 것을 주시지 않는다고 해서
나를 향한 그분의 사랑을 의심하는 것은
꽤나 어린아이 같은 모습이죠.

하나님은 그 큰 사랑의 대가를 지불하셨고.
앞으로도 나를 성실히 사랑해주실 것이기 때문입니다.

이런 관계가 안정적인 관계입니다.

듣는
마음

'하나님.
오늘 당신은 어떠셨나요?'

매번 내 얘기뿐이었습니다.
우리의 대화에서는 말이죠.
도와달라는 말, 힘들다는 말
때로는 감사하다는 말까지.
반복되는 기도 내용에도
또 그 얘기냐고 하지 않으시고
항상 들어주시는 분은 하나님이셨죠.

들어드리고 싶었습니다.
그분의 마음을.
어떤 생각을 하시는지를.
나를 인격적으로 대해주시는 분
나를 사랑해주시는 그분의 마음을.

오늘은 그분 앞에 머물러
그분의 이야기를 들어드리고 싶습니다.

왕위를 버리고

분에 넘치는 사랑을 받았습니다.
내 있는 모습 그대로 받아주신다 느꼈죠.
그때 묵상했던 내용이었습니다.
'그분께서 왕위를 버리고 오셨다는 건 이런 거구나.
이렇게 따뜻한 거였구나'라고.

왕관보다 더 중요한 것
한 영혼, 한 영혼 당신의 자녀들을 위해
왕위를 내려놓고 이 땅에 인간의 몸으로 오신 하나님.
예수님을 만났다면 이런 느낌이지 않았을까요.

아무도 손대지 않는 나병환자의 몸에
따뜻한 손길을 대주신 분.
사람들을 피해 정오에 물을 길으러 나갈 수밖에 없는
사마리아 여인의 깊은 갈증을 해결해주신 분.

예수님은 그렇게 사랑과 배려를 보여주시고
아버지의 마음을 전해주셨습니다.

사랑해주는 사람을 통해 알 수 있습니다.
하나님이 내 곁에 와계신다는 것을.

사랑을 전하는 예수님의 모습이
이 세상에 더 많아졌으면 좋겠습니다.

왕위를 버리고 나를 찾아오신 분
나는 그분이 참 좋습니다.

내 삶에 가장 귀한 것
예수를 아는 것입니다

내

마음을

두고

마음이 통하다

아버지의 마음이 있는 곳에
내 마음이 있길 기도했는데,
내 마음이 있는 곳이 곧
아버지의 마음이 있는 곳이었습니다.

내가 눈물 흘리며 바라보았던 그곳이
아버지께서 울며 바라보시던 곳이었습니다.

결국 내가 할 수 있는 일은
내 발걸음이 머문 그곳을 바라보고 계신
아버지의 마음을 아는 것이었죠.

내가 슬픈 만큼
그분도 동일하게 슬퍼하셨고,
그보다 더욱 아파하셨습니다.

부르심이라는 건
뜬금없이 주시는 것이 아닙니다.
그분께서 이끄신 삶 속에
자연스럽게 보게 하시고 마음을 두게 하신 곳,
그곳을 향한 아버지의 눈물과 아픈 마음을 받는 것.
그게 나에게는 곧 부르심이 됩니다.

답이 없어 보이고 힘들기만 한 곳이지만
하루하루를 포기하지 않고
삶을 살아낼 수 있는 이유는
하나님과 나의 아픈 마음이
서로 통했기 때문입니다.

내가 원하는 곳에
서 있지 않겠습니다.
잠시 머물 곳에
내 마음을 두지 않겠습니다.

앞일이 두려워
나에게 유리한 곳으로 발걸음을 옮기지도,
아쉬움에 내 눈길을 돌리지도 않겠습니다.

주님이 인도해주신 곳
주님이 부르시고 말씀하신 곳
그곳이 나에게 가장 좋은 곳임을 기억하고
그곳에서 주님을 예배하는 자가 되길 원합니다.

나의 앉고 일어섬이
하나님께만 있음을 고백합니다.

내가 하는 게 아니야
하나님께서 하시는 거지
난 도구일 뿐
도구가 주인 행세를 하면 안 돼

도구

도구가 주인 행세를 하면
일을 그르치게 됩니다.
도구는 주인이 원하는 대로
주인의 마음을 담아내기 위해 사용될 뿐
언제나 수동적인 존재가 되어야 하기 때문이죠.

만약 하나님께서 말씀하신 일을 하려는데
너무 큰 부담감에 시작조차 못 하고 있다면
때로는 일을 하다 어찌해야 할지 몰라 멈춰있다면
도구가 주인 행세를 하고 있는지도 모릅니다.
감당하지 않아도 될 부담과 책임감을 혼자 떠안은 것이죠.
일을 진행시키고 이루시는 분은 하나님이시니
나는 그분의 손에 들려 있으면 되는 겁니다.
깨끗하게, 제자리에 있으면 되는 것이죠.

나는 도구라는 마음으로,
그간 느꼈던 부담감이 줄어들었으면 좋겠습니다.
그렇게 오늘도 아버지의 손에 들려
그분의 마음을 세상에 담아내는 데 사용되는
쓰기 편한 도구가 되었으면 좋겠습니다.

그는 흥하여야 하겠고 나는 쇠하여야 하리라 요 3:30

조연

인생이라는 무대에서
누구나 한 번 정도는
스포트라이트를 받습니다.
그분께서 세워주실 때가 있죠.

그때가 되면 마치 준비한 것처럼
기쁘게 두 팔을 벌려
하나님께 뻗을 수 있었으면 좋겠습니다.
나에게 비치는 스포트라이트를 그분께 옮기고
아무 욕심 없이,
또 아무 기대 없이
무대를 내려왔으면 좋겠습니다.

무대 뒤로 물러났을 때의 어둠과 외로움
무대를 내려왔을 때의 허무함과
점점 작아지는 박수소리처럼
그렇게 영영 잊히는 것은 아닐까라는
두려움까지도 모두 그분께 올려드리고
조용히 사라질 수 있다면 참 좋겠습니다.

높임받는 자리
박수받는 자리
인정받는 자리는
처음부터 내 것이 아니었습니다.

우리는 결국 맡은 역할을 다 마치고는
무대 뒤로 사라져야 할 사람들이죠.

내 삶은 언제나 그분만을 드러내는 조연입니다.
그분이 드러나는 데 내가 사용되었으면 좋겠습니다.

잠잠케 하시는 분

거센 풍랑 같았던 내 마음은
예수님을 보고 비로소 진정됩니다.

친한 관계도, 돈과 높은 자리도
거센 파도에 휩쓸려 떠내려갈 뿐
폭풍 같은 상황에서는 아무런 도움이 되지 않죠.

내가 할 수 있는 것은 아무것도 없습니다.
그분만 바라보는 것
나머지는 보지 않는 것
이 두 가지가 내가 할 수 있는 최선일지도 모릅니다.

흔들리는 내 마음을 아버지께 고정합니다.
두 눈을 꼭 감고 아버지께만 집중하죠.
그럼 한없이 흔들렸던 내 초점이 맞춰집니다.
흔들렸던 내 마음도 함께.

아무리 거센 파도도
하나님 앞에서는 언제나 잠잠할 뿐입니다.
그분과 함께 있다면
우리는 어떤 상황에서도 안전합니다.

오늘 하루를 살아내며
거센 파도 앞에서도 버틸 수 있었던 이유는
예수님이 나와 함께 계셨기 때문입니다.

평안할지어다
딸아

새
로
운

시
작

앞
에

서
서

'하나님
당신보다 앞서가지 않겠습니다.
순적한 상황에서도 당신께 물으며
한 걸음을 내딛겠습니다.

당신께서 함께 가지 않으신다면
저도 가지 않겠습니다.

때를 늦추신다면 그때까지 기다리겠고
방향이 잘못되었다면
제 방향을 틀겠습니다.
그렇게 당신만 붙들겠습니다.'

새로운 시작을 준비하며
그분께서 나와 함께 가주시길 기도합니다.
내가 정한 때가 늦춰져 불안하고
때로는 고집스러운 기도를 드리기도 하지만
이제 발을 떼도 된다는
그분의 응답을 기다리는 것에 후회는 없습니다.
하나님은 내가 기도한 것 이상으로
나를 생각하시고
더 멀리 계획하시기 때문입니다.

무엇을 하든 또 어디를 가든
그분이 나와 함께 계셔주시는 것
그것이 나에게 가장 큰 복입니다.

특권

죄인인 우리가
죄를 심판하시는 하나님의 자녀로 살아갑니다.

하나님은
하나뿐인 아들의 죽음과 부활로
우리의 아버지가 되어주셨고
그분의 자녀로 살아갈 수 있는
길을 마련해주셨죠.

자녀인 우리는
일상에서 그분과 끊임없이 교제하고
그분의 공급하심과 보호 아래 삶을 살아갑니다.
사랑과 용서를 배우고 베푸는 삶을 살아내죠.

나에게 맞지 않는 옷을 입은 것 같아 불편하고
때로는 그런 삶이 짐처럼 느껴지지만
이전에 살던 삶이 마냥 부럽진 않습니다.

누구나 그분을 알아가는 게 아니고
모두가 그렇게 살아가는 게 아니기 때문이죠.

하나님의 자녀로 살아갈 수 있다는 것이
죄인의 삶에는 가장 특별한 일입니다.

내가 져야 하는 십자가는 짐이 아니라
하나님의 자녀로 살아가는
새로운 삶의 방식일지도 모릅니다.

십자가를 지는 삶은 곧
사랑을 짊어지는 것입니다.

하나님,
오늘도 저를 만나주세요

가
난
한

마
음

아버지의 마음이 들리지 않는다면
그 이유는 다른 게 없습니다.
내 마음이 아직
가난하지 않아서일 겁니다.

만약 가난했다면
나의 작은 신음에도 반응해주시는
그분의 마음을 알아차렸을 테죠.

그래서 기도합니다.
내 힘으로 할 수 있는 일이
많지 않았으면 좋겠다고.
오늘도 내 마음이 더욱 가난해져
하나님을 찾을 수 있었으면 좋겠다고 말이죠.

인생에 내가 해결할 수 없는 결핍이 있어
여전히 내 마음이 가난하다면
그건 나에게 복일지도 모릅니다.

매일 그분을 찾고 만날 수 있기 때문입니다.

제
자
의

본
업

맡은 일을 잘하는 것
그것을 뛰어넘어야 합니다.

나 혼자만 잘살라고 불러주신 삶은 아니었습니다.
사람을 살리는 일,
아버지의 깊고 깊은 뜻을 전하는 일에 동참하는 것.
거기까지 가야 제자라 하십니다.

내가 생각했던 성공한 삶은 아닐지라도
좋은 결과가 눈에 쉽게 보이지 않을지라도
사람을 살리는 일에 마음을 두고 있다면
하나님 안에서만큼은 제대로 살고 있는 건지도 모르겠습니다.

사람을 살리는 일
그것이 제자들의 본업이고
가슴 뛰는 일이기 때문이죠.

혹시나 내가 서 있는 곳은 무너진 곳이라고
너무 속상해하진 않았으면 좋겠습니다.
아버지께 구하면
사람을 살리는 일에 온 마음과 목숨을 다하셨던
하나님께서 분명 도와주실 겁니다.

무너진 곳이 회복되고 소외된 자들이 돌아올 수 있도록
아버지께서 분명 지혜를 주실 겁니다.

그분은 이미 무너진 곳을 고치기로 마음먹으셨고,
사람을 살리는 그 일을 위해 기도할 자를
그동안 찾고 계셨습니다.

그게 우리가 되어야 합니다.

막으신 길

가던 길이 막히면 다른 길로 가면 됩니다.
다른 길이 없다면 길을 만들거나
새로운 길이 생길 때까지 기다리면 되는 것이죠.

참 간단하고 단순한 이치인데도
이게 참 쉽지 않은 것은
막힌 길 너머에 아직 내 마음이 있기 때문입니다.

간절히 원했고 기대했던 마음이 컸기에
더 속상하고 하나님께 실망도 하지만
그분께서 막으신 길 앞에 멈춰 서서
막으실 수밖에 없었던 그분의 마음을 먼저 묵상하렵니다.
하나님께서 사랑으로 이끌어주신 길은 결국
그 모든 과정이 나에게 선할 수밖에 없기 때문이죠.
자식이 잘되는 길을 막는 부모는 없듯이.

그분은 내가 생각하는 선한 길로 인도해주시는 것이 아니라
그분께서 이끌어주신 그 길이 나에게 선한 길이 됩니다.
그러니 분명 이유가 있을 테죠.

그분께서 부모의 마음으로 내 길을
선하게 이끌어 가시는 것이 당연하고 자연스러운 것처럼,
나 또한 그분의 인도하심에 자연스럽게 반응하고 싶습니다.
그분의 주권 안에서 그분의 선하심을 믿는 자녀로
단순하게 살고 싶습니다.

나에게 좋은 것이 아니기에 막으셨을 거예요.
그분은 여전히 좋은 것을 주시는 내 아버지가 되시거든요.

더욱 사랑

"하나님 사랑합니다."

멋진 수식어도,
기교도 없는 말이지만
이런 내 짧은 고백은 아버지께
그 어떤 말보다도 값진 고백이 됩니다.

멋들어지게
"어제보다 오늘, 오늘보다 내일
더 사랑하겠습니다"라고 고백하고 싶지만,
선뜻 말하기 조심스러운 것은
내가 나를 알기 때문입니다.
하나님 외에 사랑하는 것 앞에서
또다시 한눈을 파는 내 모습을 말이죠.

지키지 못할 말을 하기보다는
오늘 하루 그분께 사랑한다고 고백하렵니다.
비록 멋들어진 말은 아니지만
"하나님 사랑합니다."
이 고백이 쌓이고 쌓여 훗날 뒤돌아보면
그분을 이전보다 더욱 사랑했던 나를
발견하게 될지도 모릅니다.

하루하루가 쌓여
어제보다 오늘, 오늘보다는 내일 더
그분을 사랑할 수 있도록 도와주실 겁니다.

오늘도 아버지를 알아가고
그분께 드리는 내 고백을 멈추지 않겠습니다.

하나님 오늘도 사랑합니다.

내 평생 소원은
내 구주 예수를
더욱 사랑
더욱 사랑

다른 삶

어쩌면 내가 받은 삶은
그리 큰 삶이 아닐 거라는 생각이 들어
의기소침했었는데
다시 생각해보니
내 삶이 작은 게 아니라
각자 받은 삶이 다른 거였습니다.

살아내야 할 삶이 다른 것뿐
하나님 앞에 작은 삶은 하나도 없죠.
작다 생각되는 그 삶 또한
아버지께서 한 걸음 또 한 걸음
성실히 이끌어가시는 귀한 삶이기 때문입니다.

내 삶을 남들과 비교하지 않겠습니다.
나를 이끌어가시는 하나님을 신뢰하고
주신 삶, 받은 삶을 믿음 안에서 감사함으로 살아내겠습니다.

무언가를 이루기 위해 욕심내지 않고
헛된 꿈을 좇지 않겠습니다.
나를 부르신 목적
그것에 맞게 살아가겠습니다.
내가 살아내고 싶은 삶은
삶의 크기가 큰 삶이 아니라 아버지와 동행하는 삶입니다.
그거면 만족합니다.

사
랑
을
받
아
들
이
다

하나님께서는 어쩌다 죄인을 사랑한 이유로
죄인인 우리를 자녀 삼으시기 위해
큰 대가를 치르신 게 아닙니다.

처음부터 우리를 사랑하셨고
우리를 자녀 삼으시기 위해
죄의 문제를 해결해주시기 위해
당신의 아들로 온전히 죄의 대가를 치러주신 거죠.
그렇게 이미 계산을 마치셨고
우리의 인생을 책임져주겠다 약속하셨습니다.

그 사랑을 배울 수 있을 거로 생각했는데,
그 사랑을 온전히 받아들이기도 어렵습니다.
그 사랑이 얼마나 큰지
알아가는 것도 나에게는 참 힘이 들죠.

자녀 된 내가 할 수 있는 최선은
아버지의 그 크신 사랑을 받아들이고
그 사랑 안에서 누리는 삶을 살아내는 것뿐입니다.

가
치
를

배
워
가
는

삶

내가 원하는 것을 먼저 선택하고
사랑을 두 번째로 선택하면
내가 원하는 것도 갖고
사랑도 지킬 수 있을 것 같지만
그렇지가 않습니다.

사랑은 가장 좋은 것을 주고 싶은 마음이기에
우선순위에서 밀려나는 순간 사랑이 아니게 되죠.

굳이 말하지 않아도
사랑하는 마음은 서로가 잘 알 수밖에 없습니다.

내가 원하는 좋은 것을 얻을 수 있도록
도와주시는 분이 하나님이심을 기억한다면
그분께서 사랑을 먼저 선택하라 하셨다면
좋은 것을 얻고 싶었던 욕심,
그 마음을 내려놓을 순 없을까요.

기도 끝에 사랑을 선택해버려
지금 당장 내 손이 비어있는 것 같지만
괜찮습니다.
결국은 아버지께서 가장 기뻐하시는 일을 했기 때문이죠.

사랑이라는 더 큰 가치를 선택할 때
인생이라는 영화에 감동이 생깁니다.

잘했어. 정말 잘했어

좋은 선택

선택을 한 이후에도
하나님과 서로 사랑한다는 대화를 나눌 수 있다면
그 기도가 내 마음에 불편하지 않다면
그것이 결국 좋은 선택을 했다는 증거가 아닐까요.

선택을 한 이후에도 여전히
그분과 동행하는 삶을 살아내는 것.
그것이 선택의 중요한 기준이 되기 때문이죠.

그분과 함께라면
선택 이후에 가끔씩 찾아오는 후회와 미련도
감당할 수 있을 겁니다.

내 멋대로 한 선택이 아니라
그분께서 허락하신 선택이기에
내가 아니라 그분께서
내 삶을 책임지고 이끌어주실 겁니다.

사랑으로 해석하다

어릴 때는 부모님의 행동을 이해하지 못했는데
나이를 조금 더 먹고 나서
그분들이 살아내신 삶과 베풀어 주신 사랑을 생각하니
그분들의 행동이 이해되었습니다.
어릴 때는 부모님의 말씀과 행동을
사랑으로 해석할 정도로 성숙하지 못했기 때문이죠.
지나와서 생각해 보니
그 안에는 항상 사랑과 배려가 있었습니다.

내 삶 가운데 일하신 하나님을 알아가고
주셨던 마음을 글과 그림으로 표현해갑니다.
그런 상황을 사랑으로 바라보면
하나님 아버지의 마음을 알아갈 수 있죠.
그분 또한 사랑과 배려로 나를 기르셨기 때문입니다.

단순히 지식으로는 부모님의 마음을
그리고 하나님 아버지의 마음을 알 수가 없습니다.
그분들의 마음은 전혀 효율적이지도 않고
마냥 작고 나약해 보이는 사랑으로 가득 찼기 때문이죠.
그분들의 마음을 이해하지 못했던 이유는
사랑으로 바라보지 못한 내 탓이 클 겁니다.

세상의 지식으로 아버지의 마음을 알아갈 수 없다면
지식을 쌓는 데 시간을 허비하기보다
사랑으로 그분의 마음을 하나씩 배워가고 싶습니다.

사랑으로 봐야 해
그렇게 적었으니까

마음청소

미워하는 마음을 품으니
하나님의 마음을 알아가기가 어렵습니다.
정결하지 못한 내 마음 때문이었습니다.
아버지께서는 그런 내 마음에 거하실 수 없기 때문이죠.

보이지 않는 마음이라 괜찮다 생각했는데
아버지도 알고 계셨습니다.
내 마음이 더러워졌다는 것을.
그 마음을 하나씩 버리자 하셨죠.
버려야 할 것에 미련을 두지 말고 정리하자고.

그분의 도움으로 버리는 연습을 합니다.
판단하려고 했던 내 마음과
이해받으려 했던 내 마음도
하나씩 정리를 하는 것이죠.
무엇이 더러운 마음인지 나는 잘 알지 못합니다.
버릴 것과 아닌 것을 구분하는 기준은
내가 아니라 하나님이시죠.

여전히 미워하고 싶은 마음이 가득하지만
그럼에도 다시 용기를 내어 봅니다.
미워하는 마음을 품기보다
아버지와 깊이 교제하는 것이 더 좋기 때문입니다.

내 마음의 주인

내 마음입니다.
내 것입니다.
하지만 내 맘대로 되지 않습니다.

이런 내 마음을 아버지께 내려놓고
그분의 도움을 구합니다.
내 것이지만
당신께서 내 마음을 지켜달라고,
당신이 내 마음의 주인이 되어달라고.

하나님, 내 마음을 다스려주세요

돌아가는 길목에서

그분께서 이끄시는 길은
예측할 수 없고
효율적이지도 않습니다.
사랑의 길을 만들어 가시기 때문입니다.

그분을 따라가는 삶은 내 선택이었습니다.
누군가의 강요도 부탁도 아니었죠.
내 결정이었고
그분을 향한 내 마음의 고백이었습니다.

때로는 가장 효율적인 길을 선택하지 않고
굳이 방향을 틀어 돌아가시는 그분이,
굳이 가지 않아도 될 길을 가고
가야 할 길 앞에서는 잠시 멈추시는 그분이
이해되진 않지만
이유도 모른 채 따라가는 것
그게 내가 할 수 있는 최선이죠.

그렇게 안개 같은 길을 선택해
한 걸음씩 따라가는 이유는
그 길목에서
영혼을 살리시고 나를 단련하시는 그분을
이제야 조금씩 알아가고 있기 때문입니다.

오늘도 그분을 따라갑니다.
이유도 모른 채 달리고
때로는 기다리기도 하지만
분명 이 길에서도 당신의 뜻을 이뤄가실 겁니다.

나와 함께 가주셔서 감사합니다, 하나님.

둘만 있는 시간

'하나님…'

혼자 있는 시간
마음으로 그분의 이름을 불러봅니다.
누군가에게 표현하고 싶었던 내 속마음과
오늘 하루를 살아내며 느꼈던 내 감정들,
내일의 걱정과 고민들을 아버지께 하나씩 꺼내놓죠.
그렇게 특별한 일상과
특별하지 않은 일상을 그분과 하나씩 나눕니다.

함께 계신 하나님을 인식하지 못하면
둘이 있어도 혼자이지만
하나님과 함께 있음을 안다면
혼자여도 둘이 되죠.

그분을 만나러 갑니다.
광야의 자리로

그렇게 혼자 있는 나만의 시간은 곧
하나님과 함께하는 시간이 됩니다.

그간 광야의 시간이 필요했던 이유는
혼자 있는 시간에 아버지를 부를 수 있도록
그분과 친밀한 관계를 맺기 위함이었을 겁니다.

그렇게 아무것도 없는 광야의 자리로 들어갑니다.
그곳에서 아버지의 음성에 집중하고 그분과 대화를 나누죠.

그러고 보면 혼자 있는 시간도
마냥 외롭지만은 않습니다.

내가 너를 그곳에 보낸 데는 이유가 있단다
그곳에서 많은 것을 배울거란다. 사랑해

하나님, 당신께서 허락하신 삶을
살아내 볼게요

일상을

살아내면서

든든한 응원

하루를 시작하기 전
하나님의 말씀을 읽고
마음을 정돈하는 시간은
그분께서 정성껏 차려주신
아침밥을 먹는 것과 같습니다.
든든하게 내 사랑으로 채우고 나가라는 마음,
오늘도 내가 도와줄 테니 힘내라는
그분의 응원이 담겨있죠.

굳이 오늘 하루도 힘내라고 크게 말하지 않아도
응원한다고 소리치지 않아도
그분의 마음을 받는다면
든든하게 하루를 시작할 수 있습니다.

오늘도 두렵기만 한 곳에 한 발을 내딛고
말씀하신 곳에 내 마음 한 켠을 내줄 수 있는 이유는
믿음으로 살아갈 용기를 낼 수 있는 이유는
하나님의 자녀답게 살 수 있도록
나를 응원해주시는 아버지가 계시기 때문입니다.

이른 아침부터 전해주시는
그분의 든든한 격려가 있기 때문입니다.

그래도 뿌려야 한다

씨앗을 심는다고
다 싹이 나진 않았습니다.
늦게 싹을 틔운 것도 있었지만
그렇다고 다 싹이 나고 꽃이 피는 건 아니었죠.
그렇게
아버지의 마음을 심는다고
다 싹이 나진 않았습니다.

땅이 척박할수록
날이 쌀쌀할수록
싹을 틔우는 게 쉽지 않죠.

그럼에도 불구하고
메마르고 거친 곳에
그분의 마음 씨앗을 심어봅니다.

때로는 너무 척박하여
많은 눈물과 따뜻함, 오랜 기다림이 필요하지만
언젠가는 그곳에 싹이 나고 자라
꽃이 피고 열매 맺는 모습을 보게 될 겁니다.

잘 자랄 수 있을까
너무 척박한 것 아닌가는
우리가 고민할 몫이 아닙니다.

메마른 곳에서도 싹을 틔우시는 분은
하나님이시고
우리는 말씀하신 곳에 뿌리면 되는 겁니다.

101

혹 마음의 씨앗을 뿌리긴 했지만
아직 싹을 보지 못했고
앞으로도 볼 기회가 없을 수 있습니다.

그 결과를 보지 못한 것에
너무 연연하지 않았으면 좋겠습니다.
혹시 실패한 건 아닐까
좌절하지도 않았으면 좋겠습니다.

심었던 아버지의 마음은
싹이 나고 후에는 열매를 맺을 수 있도록
그분께서 잘 기르실 겁니다.

그곳에 싹이 나고 열매가 맺길
나보다 아버지께서 더 원하시기 때문입니다.

무너진 일상

길을 잃었습니다.
갑자기 혼자가 되었죠.
익숙한 곳이 낯설게만 느껴졌고,
두려운 마음에 어떻게 해야 할지 몰라
결국 바닥에 주저앉았습니다.

일상이 무너진다는 건
보이지 않는 길을 잃는 것과 같습니다.

눈에 보이는 일상은 괜찮은데
잘 살아가고 있는 것 같은데
내 안에 이유 모를 답답함과 공허함이 있다면
누군가의 손을 놓친 것 같다면
가던 방향을 몰라 방황하고 있다면
그건 보이지 않는 일상이 무너졌기 때문일 겁니다.

하나님의 손을 놓쳤기 때문이죠.
하지만 무너진 일상 속에서도 하나님을 찾고 찾으면
그분은 나를 만나러 와주실 겁니다.
주저앉은 그 자리에서
그분을 향해 부르짖고 또 잠잠히 기다리면

하나님은 나를 찾아와 손잡아주실 겁니다.
내가 놓았던 그 손을 다시 잡아주시죠.
그분은 나의 부모이시기 때문입니다.

그분을 만나야 일어설 수 있고
잃은 길의 방향을 잡아갈 수 있습니다.

눈에 보이는 것보다
보이지 않는 것에 초점을 맞춰야 합니다.
보이지 않는 것이 삶을 이끌어가기 때문입니다.

네가 어디에 있든
나는 너를 도와줄 거란다

난 네 부모니까

다시 다시 시작합니다.
잠시 내려놓았던
아버지의 마음을 심는 일을.

무너진 곳을 세우기 위해 노력했지만
결과가 쉽게 눈에 보이지 않아서
조금은 편하고 즐겁게 살고 싶은 마음에
하던 일을 중단했습니다.
아버지께서 부르신 이유를 그렇게 잊고 살아갔죠.

잠시 멈출 수는 있습니다.
하지만 포기해서는 안 됩니다.
다시 일어나 아버지께서 말씀하신 곳에 서서
기도하고 작은 친절을 베푸는 것이죠.

아버지께서는 무너진 곳에 두신 마음을
거두시는 법이 없습니다.
그분은 꿈을 이루실 때까지 쉬지 않으시죠.

아버지께서 포기하지 않으시니
나도 포기하지 않는 겁니다.

106

돌
던
지
기

다른 사람이 던진 돌에
아무 방어 없이 맞아버렸습니다.
그러다 마냥 지고 싶지 않아
돌을 던진 사람에게 똑같이 돌을 던졌죠.
때로는 나도 남들처럼
의로운 사람이 되고 싶은 마음에
내가 먼저 상대의 연약함을 찾아
돌을 던지는 사람이 되기도 했습니다.

그렇게 돌 던지는 법을 하나둘씩 배워갔죠.

"너희 중에 죄 없는 사람이 먼저 돌로 치라."

돌을 던지는 사람들을 향해 예수님은 말씀하셨습니다.
다른 사람의 연약함을 보기 전에
자신의 연약함을 살펴보라고,
우리는 모두
은혜 없이는 살 수 없는
사람들이라고 알려주셨죠.

사람을 판단하는 능력이 나에게는 없습니다.
그건 내 영역이 아니라 하나님의 영역이죠.
만약 완전한 자, 완벽한 자를 사용하셨다면
우리 중 그 누구도 그분께 쓰임 받지 못할 겁니다.
우리는 모두 죄인이고
은혜로 새롭게 된 자들이기 때문이죠.

상대의 연약함을 보고 돌을 던지기보다는
손에 쥐고 있던 돌과
다른 사람을 비난하고 싶은 마음,
돌에 맞았던 아픔까지도 아버지께 올려드리고
그분께 도움을 요청하겠습니다.

돌을 던지기 전 나 자신을 먼저 볼 수 있도록
손에 꼭 쥐고 있던 돌을 내려놓을 수 있도록
사랑으로 품어줄 수 있도록 도와달라고요.

그만할래요. 돌 던지는 거
그렇게 의로운 척하는 거
결국은 나도 똑같은 죄인이니까.

나의 판단은

판단하기보다
기다림을 선택하겠습니다.

그렇게 하나님의 일하심을 기대하겠습니다.

어쩌면 나에게 아픔을 주었던 사람은
오늘도 하나님께 배우고 있는지 모릅니다.
또는 인생에서 가장 힘든 시간
그 터널을 지나고 있는지도 모르죠.
보이지 않는 시간 속에서
그 사람의 인생에 어떤 일이 있었는지
나는 알 수 없습니다.

"그래.
그래서 사람의 인생을 함부로 판단하면 안 되는 거란다"

그 사람을 기다려주는 게 맞을 겁니다.
각자 받은 삶도
살아내야 하는 삶도
배움의 속도도 다르기에
믿어주고 기다려주는 것이죠.
하나님 아버지께서 그러셨듯이.

우리는 언제나 사람이 아니라
각자의 삶을 선하게 이끄실 하나님만 바라봐야 합니다.

인생은
후반부를 가봐야 알 수 있습니다.

가벼워진 마음에

칭찬으로 한껏 가벼워진 내 마음에
무게를 달아놓았습니다.

칭찬으로 부풀어진 내 마음은
자칫 나만 바라보게 합니다.
다른 사람의 마음을 헤아리지 못하고,
때론 상대의 마음에 상처를 입히기도 하죠.
칭찬은 마치 내 눈을 가리는 것 같습니다.

한순간입니다.
사람의 칭찬이 사라지는 것도,
올라갔던 내 마음이 떨어지는 것도.

나중에 가벼워진 내 마음이
내려올 때 너무 아프지 않도록
크게 실망하지 않도록
너무 빨리 올라가지 말라고
마음에 무게를 달아 눌러놓았습니다.

항상 급하게 올라가는 게 문제입니다.

마음아
너무 올라가면 안 돼

도가니로 은을, 풀무로 금을, 칭찬으로 사람을 단련하느니라 잠 27:21

쉼이 필요한 이유

카페에서 작업을 하던 중 스트레칭 겸
고개를 들어 카페 밖 하늘을 보는데
구름이 참 예뻤습니다.

"하늘이 예쁘지?
잠깐 쉬어가자"

하나님께서는 바쁘게 달려가는 제가 안쓰러우셨는지
조금 쉬어가자고 하셨죠.
생각해보니 앞으로 며칠은 계속 작업을 해야 해서
잠시 하늘을 바라보며 쉬는 시간을 가졌습니다.

어떤 일이든 오래 하려면
잠시 쉬어가는 시간이 필요합니다.
웃을 수 있는 여유와
삶을 즐길 수 있는 어느 정도의 유머는 있는 게 좋죠.
그래야 똑같이 땀을 흘려도 덜 고단할 수 있습니다.

일을 잘하는 것과 오래 버티는 것은 다른 문제죠.

하나님께 받은 삶을 살아갈 때
너무 앞만 보고 달리지 않았으면 좋겠습니다.

열심히 하는 것도 좋지만
때로는 잠시 멈춰 땀도 식히고
맛있는 음식 한번 먹어보는
그런 소소한 기쁨을 누렸으면 좋겠습니다.

그래야 오래 할 수 있고
끝까지 할 수 있습니다.

쉼이 있어야 오래 버틸 수 있고
믿음의 여정을 완주할 수 있습니다.

혹시 그들이 넘어지면 하나가 그 동무를 붙들어 일으키려니와 _{전 4:10}

지켜주는 관계

충분히 낙심되는 상황에서도
넘어지지 않도록 서로 붙잡아줍니다.
넘어져도 다시 일으켜 세워주고
하나님께 받은 삶을 포기하지 않도록 도와줍니다.

혼자 하면 실패할 수밖에 없는 일을
서로 자기 일로 생각하고 함께 감당해 나갑니다.

하나님께서는 그렇게 우리를
서로 지켜주는 관계로 불러주셨습니다.
상대방이 힘들고 아플 때
못 본 척 돌아서지 말고
더 지켜주고 사랑해주라고
만나게 해주셨습니다.

믿음과 현실

그분의 보이지 않는 말씀을
믿음으로 살아낼 때
그 말씀은 곧 현실이 됩니다.
그러니 그분의 말씀이
이뤄지는지 아닌지는 결국
내 믿음에 달려있죠.

결국 믿음은
우리가 순종한 결과로
눈에 보여집니다.

배우는 이유

내가 계획해서 배우고 경험한 것 같지만
그 과정을 하나님께서 이끌어주지 않으셨다면
이만큼 경험하지 못했을 겁니다.

한 사람이 모든 걸 배우고 또 경험하지 못하는 만큼
지금 내가 배운 것들은
나에게 맞게 골라주신 거죠.
그러니 다른 사람들의 경험과 비교하고
부러워할 이유가 전혀 없습니다.

지금껏 내 경험으로
나 자신을 드러내고 싶었는데
하나님께서는 내게 주신 경험으로
타인을 섬기라 하십니다.
아끼지 말고 넉넉히 나누라 하셨죠.

단순히 나 하나만을 위해
경험케 하신 것이 아니었습니다.
나의 경험이 누군가에게
그분의 손길이 되어줄 수도 있는 거였죠.

오늘도 배우고 경험하는 이유는
더 잘 배우기 위해 노력해야 하는 이유는
이웃을 섬기기 위해서입니다.

매듭

'하나님은 나에게 관심이 없다'라는 매듭 하나
'그분은 나에게 좋은 것을 주시지 않는다'라는 매듭 하나
그렇게 하나님과 나 사이에는
풀어가야 할 매듭이 참 많았습니다.

감사하게도 하나님은
나의 수많은 고민과 낙심의 시간 속에서
엉키고 엉킨 매듭을 하나씩 풀어가 주셨죠.
삶의 시간 속에서
그분이 얼마나 좋으신 분인지를 알려주셨습니다.

나에게 믿음이 자라난다는 것은
아버지와 오해의 매듭을 하나씩 풀어가는 것이었습니다.
매듭이 하나씩 풀어질 때마다
아버지를 알아가고 그분을 신뢰하는 것이죠.

여전히 서로 바라보며 풀어가야 할 매듭이 많지만,
그 모든 과정을 아버지께 맡겨드립니다.
그분은 오해를 그냥 놔두는 분이 아니시니
그분이 엉킨 매듭을 하나씩 풀어가시도록
내 삶을 올려드리겠습니다.

망친 하루

원고를 정리하기 위해
일 년 전쯤 써 놓은 글을 읽었습니다.
아버지께서 주신 마음에 순종하고자 했지만
말 그대로 망쳐버려 속상한 마음을 담은 글이었죠.

'아니, 망치지 않았어.
아직 망가진 게 아니야'

결과를 이미 알고 있기 때문일까요.
이미 망친 것 같아 실망한 과거의 나 자신에게
아직 기회가 있다고, 힘내라고
응원의 메시지를 전하는 나를 보게 되었습니다.

알려주고 싶었습니다.
그때는 망친 것 같은 하루였지만
그 이후에 하나님의 은혜로 믿음을 배웠다고.
그러니 내 확실한 실패가, 실패는 아니었다고 말이죠.

자녀가 부모의 말씀에 순종하고자 했지만
생각처럼 잘되지 않아 슬퍼하고 있다면
어느 부모가
순종하려 했던 자녀의 행동을 보고도
망쳤다고 평가할 수 있을까요.
망쳤다고 슬퍼하는 자녀를 괜찮다 위로하시고는
순종할 수 있도록 도와주지 않으실까요.
순종하고자 했던 그 마음을 이미 받았기 때문입니다.

하나님의 말씀에 순종하는 게 얼마나 가능할까요.
그분의 말씀이 내 본성이 되기까지
얼마나 많은 시간이 필요할까요.
아직 내 본성이 되지 않았기 때문에 좌절하고
그런 나에게 실망도 합니다.

하지만 괜찮습니다.
말씀하신 분이 하나님이시라면
여전히 내 안에 순종하고자 하는 마음만 있다면
예수 그리스도를 닮는 분량까지 자랄 수 있도록
그분께서 도와주시기 때문이죠.

결국 순종도 내가 하는 것이 아니라
아버지께서 도와주시기에 가능한 것이었습니다.

오히려 망쳤다 생각했던 실패의 과정을 통해
나를 위로하고 격려하시는 아버지의 마음을
알아가고 싶습니다.
그 과정에서 아버지와 더 교제하고
그분께 배우겠습니다.

그분과 함께라면 망친 하루는 없습니다.

망치지 않았어
믿음을 배워가는 과정일 뿐이야

흘려보내다

그분의 마음을 흘려보냈습니다.
몸이 아픈 자녀에게는
죽 하나 챙겨주면 좋겠다는 마음을 담아,
기쁜 일이 있는 자녀에게는
그분의 넉넉한 마음으로 축하해줬으면 좋겠다는
마음을 담아,
속상한 일을 겪은 자녀에게는
네 잘못이 아니라는 그분의 위로를 담아,
때로는 아무런 판단 없이 들어주는 것으로
그렇게 아버지의 마음을 담아주었습니다.

때로는 그분의 마음을 표현하는 것이 부끄러워 주저하지만
흘려보낸 그 마음이
상대방의 마음에 잘 닿았으면 좋겠습니다.

사랑한다고, 넌 혼자가 아니라고
항상 네 곁에 내가, 네 아버지가 있다고 하시는
하나님의 진심이 말이죠.

받는 이가 그렇게,
아버지의 마음을 알아주었으면 좋겠습니다.

헛된 하루는 없습니다

평범하고 반복적인 일상
때론 멈춰있다 생각이 드는 시간들은
하나님께서 나를 준비시키시는 과정일지도 모릅니다.

미디안으로 도망친 모세가 그 땅에서 보낸
일상적이지 않던 일상들이 평범한 삶이 되어
매일을 살아갔던 그 시간 속에서도
하나님께서는 모세를 기다림으로 준비시키셨죠.

결국 "보낼만한 자를 보내소서"
나는 아무것도 아니라는 그 고백으로
모세는 애굽으로 보내심을 받습니다.

여러 고민과 의심이 난무하는 삶 속에서도
때로는 아무 일도 일어나지 않아
아무 의미 없다 생각되는 시간 속에서도
하나님께서는 하루하루를 엮어 의미를 만들어 가시죠.

그림을 그리는 것과 같습니다.
메인이 되는 포인트를 살리기 위해서는
무난한 배경색이, 때로는 여백이 많이 필요한 법이죠.

하나님은 그렇게 하루하루 일상들을 묶어
내 인생의 그림을 완성해 가십니다.

기억하세요.
하나님과 함께 있는 한
나에게 헛된 하루는 없음을.

내 삶 가운데 의미를 만드시는 분은
내가 아니라 하나님이시라는 것을.

열
심
히
사
는
삶

하나님 안에서
열심히 산다는 것은 무엇일까요.

나도 용서할 만큼 했다고 말하기 전에
일곱 번씩 일흔 번이라도 용서하라는
예수님의 말씀을 생각하고 순종하는 삶.
가난하고 소외된 자들을 보고 그냥 지나치지 않고
그들에게 친절을 베푸는 삶,
몸과 마음을 더럽히지 않고
작은 생명도 소중히 여기는 삶,
내 맘 같지 않은 지도자의 권위에
순복하는 삶은 아닐까요.

하나님 안에서 열심히 산다는 건
말씀을 보고 기도하는 것에서 그치지 않습니다.
가르쳐주신 대로
배운 삶을 살아가는 것까지죠.

곧 세상의 유혹에 굴하지 않고
아버지의 마음으로
구별된 삶을 살아내는 것,
그것이 열심히 사는 삶일 겁니다.

132

하나님
오늘도 유혹에 빠지지 않도록
도와주세요.

변화는

그분의 말씀에 순종하여
일상을 살아냈을 뿐인데
그곳에 선한 변화가 생겼습니다.

아무 변화도 없으면 어떡하나 싶었는데
어느덧 싹이 나고 꽃 한 송이가 피어 있었죠.

어떤 장소이든 사람의 마음이든
선한 변화는 내가 만들 수 있는 게 아닙니다.
내 욕심으로는
무너진 곳에 벽돌 하나 바르게 세울 수도
사람의 마음을 되돌릴 수도 없죠.

하나님께서는 우리의 순종으로
무너진 곳에 공사를 시작하시고
선한 변화를 하나씩 만들어 가십니다.
결국 그분께서 부르셨다는 것은
이제 새 일을 시작하겠다는 의미가 되죠.

그러니 그분의 말씀에 순종하기 전
"나는 할 수 없습니다"라는 말은
잠시 내려놓았으면 좋겠습니다.

아버지의 말씀에 순종하여
말씀하신 곳에 서서 주신 삶을 살아내고 있다면
내가 특별히 무언가를 하지 않아도
그분께서 새 일을 시작하시기 때문이죠.

나는 주어진 삶을 은혜로 살아내고
그분께서 만드시는 변화를 기대하고 기다릴 뿐입니다.

무너진 곳에 꽃을 피우시는 분은
내가 아니라 하나님이십니다.

어떤 일이든
하나님과 교제하며
하길 원합니다.

사람을 기쁘게 하는 자들처럼 눈가림으로 하지 말고,

그리스도의 종답게 진심으로 하나님의 뜻을 실천하십시오

엡 6:6 새번역

작은
일

맡은 일이 내가 보기에 작고 작은 일이라면
그건 모든 일을 주께 하듯 하는 사람인지 아닌지를
알아보기 위한 그분의 테스트일 수 있습니다.

주께 하듯 하는 사람은
가장 작은 일을 맡았을 때
단번에 알아볼 수 있기 때문이죠.

하나님의 도움 없이 내가 할 수 있는 일은
단 한 가지도 없습니다.
내가 할 수 있다고 생각하는 순간
그 일은 나에게 곧 작은 일이 되고
충성하지 않을 일이 되어버리기 때문이죠.
일의 크고 작음은 일의 크기와 양이 아니라
항상 내 마음의 문제입니다.

결국 나에게 작게 느껴지는 그 일조차도
하나님께 기도하며 나아가야 합니다.
그렇게 최선을 다하는 자가 충성된 사람이고
모든 일을 주께 하듯 하는 사람입니다.

.

보
이
지
않
는
전
쟁
터

우리의 일상은
작고 작은 자를 사용하셔서
하나님의 크심을 증명해 보이는
보이지 않는 전쟁터입니다.

우리가 겪는 싸움은
혈과 육에 관한 것이 아니라고 말씀하셨죠.

전쟁에서 우리는
칼과 창이 있는 상대를 보고는 놀라
기가 죽어 주저앉을지도 모릅니다.
내 손에는 아무것도 없다는 생각에 두려워
한 걸음 내디딜 용기조차 없을 수 있죠.

두려워하지 마세요.
그 전쟁은 내가 지닌 지혜와 지식,
스펙과 소유, 인맥으로 싸우는 것이 아니라
내가 얼마나 하나님을 신뢰하고 있는지로 치르는
믿음의 싸움이기 때문입니다.
중요한 것은 언제나 내 마음, 내 믿음이죠.

때로는 싸움에 져서 울 수도 있지만
너무 좌절하진 마세요.

아버지께서는 그분을 신뢰할 수 있도록
성실히 믿음을 가르쳐주실 겁니다.

작고 작은 나를 통해 하나님의 크심을 드러낼 수 있다면
나는 보이지 않는 전쟁에서 승리한 것이 됩니다.

작은 것은 결코 부끄러운 게 아닙니다.

상식을 뛰어넘는 삶

우리는 건전한 사고를 가지고
삶을 살아갑니다.

하지만 그리스도인은
건전한 사고 위에
상식을 뛰어넘는 삶을
살아내는 사람이죠.

믿음으로 백 세에 아들을 얻은 아브라함이 그랬고
사자 굴과 풀무 불에서 살아남은
다니엘과 그의 친구들이 그랬으며
또 성령으로 잉태한 마리아와
이를 믿음으로 받아들인 요셉이 그랬듯이.

우리는
세상은 이해할 수 없는
세상이 감당할 수 없는
믿음의 삶을 살아내는 사람들입니다.

힘겨루기

때론 나의 주장을 내세우면서
하나님과 힘겨루기를 합니다.

조금만 힘을 더 주면
내 힘으로 할 수 있을 것 같아서
조금만 더 버티면
하나님을 이길 수 있을 것 같아서
있는 힘을 다해 마지막까지 줄을 잡아당기죠.

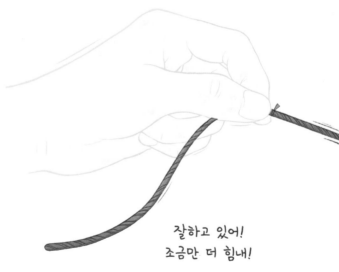

잘하고 있어!
조금만 더 힘내!

네 자아가 깨어질 때까지!

내 힘이 다 빠질 때까지
내 밑천이 다 보일 때까지
결국 '나는 할 수 없습니다. 하나님 당신이 옳습니다'라는
고백이 나올 때까지.

그렇게 하나님께서는 단번에 이기실 수 있으시면서도
나에게 맞춰서 힘겨루기를 해주시죠.

언젠가는 꺾일 나의 고집과 자아이지만
그 시간이 결코 헛되지는 않습니다.

그 시간을 통해
온유함을 배웠기 때문입니다.

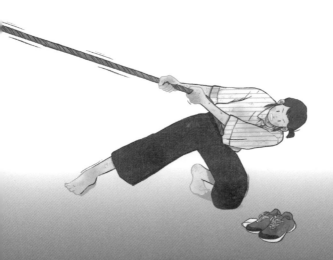

오늘 나에게 있었던 일들과
보고 들었던 이야기들을
하나님께 하나씩 전해드립니다.
특별히 무언가를 요청하진 않았지만
그게 기도가 되었죠.
다른 사람의 상황을 올려드렸다면
그건 중보기도가 됩니다.

굳이 내 뜻대로 되게 해달라고 기도하지 않아도
아버지 되시는 하나님은
상황을 들으시고는 적절한 도움을 주시죠.

비가 온다고 말하면 우산이나 비옷을 챙겨주고
약간 열이 난다고 말하면 병원에 데려가고
치약을 다 썼다고 말하면 새 치약을 챙겨주듯이
부모는 자녀의 필요를 알아서 챙겨줍니다.

어쩌면 하나님은 그분께 이야기해드리는
자녀가 필요한지도 모르겠습니다.
자녀들이 알려주지 않는 곳의 이야기,
도움이 필요한 곳의 이야기를
듣고 싶어 하실지도 모릅니다.
그분께서 도우실 수 있도록 말이죠.

무너진 곳에 희망을 심으신다는 말은
내 능력으로 주변을 변화시키라는 말이 아니라
보고 들은 상황을 그분께 올려드려서
아버지께서 일하실 수 있도록 하라는 말입니다.

우리는 그분께 말씀드릴 뿐
적절한 도움을 주시는 분은 부모이신 하나님입니다.

기다리고 있었단다

멈추는 습관

하나님과 관계는 괜찮은가요?

하나님께서 일을 이루기 위해 나를 부르셨다고는
생각하지 않습니다.
그보다 중요한 것은
그분과 교제하는 것이죠.

만약 그분과 사귐 없이 쉼 없는 일상을 보내고 있다면
내가 하는 생각과 고민 속에 하나님이 계시지 않는다면
바쁜 일상 속에 멈추는 법을 잊었다면
잠시 눈을 감고 조용히 하나님을 찾아야 할 때입니다.

내가 하는 이 일이
사람의 일이 되지 않도록 말이죠.

세상은 멈춤의 시간이
나 자신을 발견하는 시간이라 하지만
그리스도인에게는 하나님과 깊은 관계를 만드는 시간이고
하나님께서 일하실 수 있도록
내 삶을 내어드리는 시간이 됩니다.

멈출 수 있는 용기가 그래서 필요합니다.

머무를 이유

아버지의 마음이 있는 곳이라면
그분께서 이끄신 곳이라면
내가 하는 일이 너무 작아 보일지라도
내가 서 있는 곳이 좁아 보이고
내 손에 들어오는 것이 적을지라도
그곳에 머물 이유가 충분합니다.

부르신 그곳에서 아버지와 교제하는 것
그분의 마음을 알아가는 것
그것이 내 삶의 가장 큰 가치이기 때문입니다.

이미 소중한 것이 함께 있으니
나는 괜찮습니다.

낮
아
져
야

어려움의 시간을 통해
낮아지게 하시는 분도
하나님이시고
그런 가난한 마음에
사랑 가득 안고 찾아와주시는 분도
하나님이시죠.

힘든 시간을 통해
하나님을 더 깊이 만날 수 있다는 것은
힘들지만 감사하고,
그 시간이 아니면
자아가 깨어지지 않는 존재임에
안타깝기도 합니다.

주신 만큼만

하나님께서 내게 주신 삶
그 이상을 탐내지 않겠습니다.

그분께서 주신 만큼
허락하고 인도해주신 만큼
그 안에서 삶을 살아내겠습니다.

더 많은 것을 얻기 위해 욕심내지도
감당하지 못할 일을 하려고 힘쓰지도 않겠습니다.
그렇게 줄로 재어준 구역을 넘어서지 않겠습니다.

그분께서 허락하신 구역
그곳에서 내 할 일을 다 마친 후
그분 앞에 머무르겠습니다.

잠잠히 하나님만 바라고
그 안에서 쉼을 얻겠습니다.

여호와여 내 마음이 교만하지 아니하고 내 눈이 오만하지 아니하오며
내가 큰일과 감당하지 못할 놀라운 일을 하려고 힘쓰지 아니하나이다

시 131:1

그분의 사랑이
언제나 옳았습니다

아버지의
마음을
배우다

공동체 안에는 늘 가시 같은 존재가 있습니다.
가시에 찔리지 않으려고 무시하거나 피해 다니기도 하지만
때로는 가시에 찔려 아파하고 상처를 받기도 합니다.

내 주변에 가시 같은 존재가 있다는 것은
그로 인해 실족하라는 말이 아닙니다.

신앙은 변질되지 않고
끝까지 견뎌내야 하는 싸움입니다.
그렇기에 편안함에 빠져
삶이 전쟁터임을 잊고 살지 말아야 함을,
나는 오늘도 아버지의 은혜 없이는
살아갈 수 없는 존재임을 일깨워주시는 것이죠.

본질을 잃지 않도록
하나님 아버지와 나누었던 첫 마음을 지킬 수 있도록
자리는 높아져도 마음만은 높아지지 말라고
도우시는 그분의 손길일 겁니다.

삶에 가시가 있다는 것은
그분만 바라보고 살겠다는 내 고백을
지킬 수 있도록 도우시는
은혜의 손길일지도 모릅니다.

'여름이'는 정신장애와 지적장애를 같이 가지고 있습니다.
평소에는 혼자 말없이 지내지만
분노가 쌓이거나 안 좋은 생각이 들면
자신도 어찌할지 몰라 물건을 던지거나
다른 사람을 때리기도 했죠.
물론 후에 사과를 하지만 그게 맘대로 되지 않습니다.
그런 '여름이'가 갑자기 일어나 불안한 눈빛으로
나를 불렀습니다.

"도와주세요, 선생님!"

그런 '여름이'의 모습은
아무것도 할 수 없어 하나님께 소리쳤던
내 모습과 참 많이 닮았습니다.
답이 없어서, 어찌해야 할지 몰라 소리쳤던 말
차마 밖으로 내뱉지 못해 속으로만 크게 외쳤던 그 말

'도와주세요, 하나님!'

'여름이'에게 다가가 손을 잡고 말해주었습니다.
도와줄 테니 진정하라고.

자녀가 도와달라는데
어느 부모가 가만히 있을 수 있을까요.
부모는 분명 눈을 돌려 자녀의 상황을 살피고
적절한 도움을 줄 겁니다.
말할 수 없다면 도와달라는 작은 움직임.
무기력한 내 모습을 보시고도 도와주시는 분이
아버지이십니다.
그게 부모이고 그게 아버지 마음이죠.

하나님도 그 단순한 말,
도와달라는 한마디에 마음이 움직여 나를 도와주십니다.
그 한마디가 하나님의 마음을 붙잡고
그 한마디가 하나님을 움직입니다.
그분은 내 부모이고 난 그분의 자녀이기 때문이죠.

도와달라는 기도를 들었음에도
도와주고 싶으신데도 힘써 기다리신다면
도와주지 못하는 아픔을 견디고 계신다면
거기에는 정말 큰 의미가 있는 건 아닐까요.

하나님이 나를 떠난 게 아니라
내가 생각지도 못하는 큰 의미를
삶 가운데 만들고 계신 건 아닐까요.

그런 것이라면
내 기도가 이뤄지지 않아도
그분의 선하심을 의심하지 않겠습니다.
이뤄지지 않음에 묻어있는 그분의 사랑을
계속 묵상하겠습니다.

하나님은 무력한 내 모습에도
반응해주십니다.
부모이기 때문입니다.

갑자기 큰 소리가 나서 신발장 쪽으로 나가보니
'여름이'가 의자에 앉아 발로 바닥을 세게 치며
소리 높여 엄마를 부릅니다.
"엄마, 도와줘!"
'여름이'의 마음 안에 어둠이 또 찾아왔나 봅니다.

그러자 어머니는
차마 고개 들고 쳐다보지 못하는 아이의 얼굴을 올려
자신의 품 안으로 끌어당깁니다.
엄마를 안을 수 있도록
엄마에게 안길 수 있도록

팔을 벌려 자신의 등 뒤로 옮기고는
아이의 팔을 잡아줍니다.
혹시나 풀어지지 않도록.
그렇게 한동안 알려줍니다.
엄마 여기 있다고, 괜찮다고 말이죠.

해줄 수 있는 게 많지는 않았습니다.
안아주는 것
목소리를 들려주는 것
끝날 때까지 기다려주는 것
그렇게 같이 있어 주는 것.

그러자 '여름이'는 점차 평안을 되찾아갔죠.
칠흑 같은 두려움 속에서 길을 찾았나 봅니다.

하나님도 그러실 겁니다.
어찌할지 몰라 소리치며 도와달라는 자녀를
꼭 끌어안으시고는
그분의 목소리를 들려주시며
괜찮아질 때까지 기다려주실 겁니다.
내 품 안에 있으라고
그럼 괜찮을 거라고 말이죠.

그렇게 당신의 품을 내어주실 겁니다.

괜찮아
내가 여기 있으니까

책
임

"그렇게 해도 되고 안 해도 됩니다."

이 말은 마치 나에게 선택권을 주는 것 같지만
사실은 책임을 회피하는 말이기도 합니다.
누구도 인생의 정답을 모르고
그 누구도 모든 책임을 져줄 수 없기 때문이죠.

때로는 확신에 차서 말하지만
끝까지 책임져주지 못할 거라면
그 또한 아무 의미가 없습니다.
책임은 언제나 그랬듯 내 몫입니다.

하지만 하나님께서는 언제나 확신에 차서 말씀하셨죠.
그분은 아브라함에게 본토 친척 아비 집을 떠나라 하셨고
복의 근원을 약속하셨습니다.
그분은 약속하신 삶을 성실히 이끌어주셨고,
아브라함의 실수와 연약함에도
그 인생을 책임지셨습니다.

하나님께서 주신 마음이 있다는 것은
그분께서 모든 결과를 책임져주신다는 말입니다.

아직 당면하지 않은 문제와
내가 생각지도 못한 결과까지,
설령 내가 실수할지라도
당신의 능력으로 책임져주신다는 말입니다.
그 모든 책임을 나에게 떠넘기지도 않겠다는 말이죠.

그렇다면 아브라함처럼
가야 할 바를 알지 못할지라도
그분의 음성에 믿음으로 반응해 한 걸음을 내딛겠습니다.
그분 말씀에 순종하는 것이
내가 할 수 있는 최고의 선택입니다.

감정받이

상대의 연약함과 피해의식에서 나오는
날카로운 감정들을
나는 받아주지 못했습니다.

감정 쓰레기통이 된 것만 같아서
상대의 짐을 내가 계속 져야 할 것만 같은 부담감에
또 내 마음을 지켜야 한다는 의무감에
다듬어지지 않은 감정들을 피해 다녔고 도망쳤죠.

그렇게 모든 사람이 다 떠나가는 와중에
화살 같은 칼과 같은 뾰족한 감정들을,
비난하고 무시했던 말조차도
옆에서 묵묵히 받아내시는 분이 계셨습니다.
바로 부모님.

그런 부모님의 모습이 하나님을 닮았습니다.
다듬어지지 않은 감정들을
한없이 받아주시는 그 모습이.
오히려 괜찮으니 자신에게 다 쏟아내라고
나는 너를 떠나지 않을 거라고
괜찮다 하시는 그분의 말씀조차도 빼닮았죠.

하나님은 여기저기 치여 마냥 뾰족해진 돌을
아버지의 사랑으로 품어주십니다.
그분께서는 이미
모든 감정의 무게를 담당하셨기 때문입니다.

부모니까
사랑하니까

왜 이렇게까지
받아주시는 거죠?

169

크신 능력으로

하나님께서는 전지전능하심으로
우리를 판단하지 않으셨습니다.
강요하지도 않으셨죠.

오히려 그 크신 능력으로
당신의 자녀들을 보호해주셨습니다.
죄인들의 삶 가운데 찾아와 섬겨주셨고
그들이 해결하지 못할 죄의 문제를 대신 해결해주셨죠.

하나님은 당신의 크신 능력으로
완전하지 않은 우리를 품으셨고
온전히 사랑해주셨습니다.

부모가 자식들을 돌보듯 그렇게
자녀들을 사랑하는 데 사용하셨습니다.

내게 주신 힘은
나보다 약한 자를 섬기고 사랑하라고 주신
그분의 마음일 겁니다.

거저 받는 관계

하나님과 관계를 쌓아두고 싶었습니다.
힘든 상황에 처했을 때
그분의 도움을 받고 싶었기 때문이죠.

하지만 그런 내 속마음을 아시는
하나님께서는 아니라고 답해주셨습니다.
그런 관계를 맺는 부모와 자식은 없다고.

어느 부모가
자식이 평소 연락을 안 했다고 해서
도와주지 않고 보고만 있겠냐 하십니다.
평소 연락이 없어 속상할 수는 있지만
여전히 부모이고,
부모이기 때문에 도와준다고 말이죠.

부모와 자식의 관계는
보험처럼 노력으로 관계를 쌓아
무언가를 받는 관계가 아니라
그냥 거저 받는 관계라 합니다.
다른 이유는 없죠.

처음부터 그런 관계였습니다.

그러니 다음에는
사랑하는 마음으로 만나자 합니다.
사랑으로 찾아와달라고.
그거면 된다고 말이죠.

아무리 관계가 꼬이고 꼬여도
우리는 거저 주고받는
부모 자식 관계입니다.

티셔츠 하나를 사도 고르고 골라 예쁜 걸 집으시고
고기를 구울 때면 타지 않은 부위를 자녀에게 주시고
맛있는 생선 살 부위를 발라주시는 것이
자식에게 좋은 것을 주고 싶은 부모님의 마음일 겁니다.

평범한 일상 속에서도 부모님은
자녀가 구하지 않아도 좋은 것으로 그들을 챙겨주시죠.
그게 부모의 본성입니다.
그 은혜 가운데 살기 때문에 그 마음을 자주 잊고
살아갈 때가 많은 것 같습니다.

하나님도 나에게 좋은 것을 주시는 분일까요.

이 질문에 대한 대답은 아주 명확합니다.
우리를 위해 독자 예수님을 주신 것을 보면 알 수 있죠.

일상에서 받은 그분의 은혜를 인식하지 못하고
때로는 기도 응답이 늦어져 그분의 마음을 오해하지만
그런 우리의 생각과 상관없이
사랑하는 자녀에게 좋은 것을 주시려는
그분의 본성은 결코 변하지 않습니다.

설익은 과일을 달라는 아이에게 기다리라 말씀하시고는
열매가 잘 익어 더욱 맛있게 된 후에 주시는 아버지처럼
그분은 좋은 것을 주시기 위해 보이지 않게 일하십니다.

때로 우리는 기다리지 못해 투정을 부리기도 하지만,
그럴 때면
약간 설익은 것도 맛만 보라며 주는 분이 아버지이시죠.

그러니 원하는 것이 있다면
아버지 되시는 하나님께 구하고 기다리세요.
때로는 자녀답게 투정도 부리고 하세요.
어른인 척할 필요는 없습니다.
자녀에게 좋은 것을 주시려는 그분의 본성을 기억하고
그분과 부모 자녀의 관계로 교제하세요.

그게 그분께서 원하시는 것입니다.

하나님은 우리에게
최고의 것을 주시는 분이십니다.

너희가 악한 자라도 좋은 것으로 자식에게 줄 줄 알거든 하물며
하늘에 계신 너희 아버지께서 구하는 자에게 좋은 것으로 주시지 않겠느냐

마 7:11

대신 작아지시는 분

짜증과 모난 말들을 받아줬어야 했는데
그러지 못했습니다.
내가 준 친절을
당연하게만 생각하는 것 같아서
모난 마음을 받아주기에는
나도 이미 지쳐서
너무 미워서
상대방을 받아주지 못했습니다.

후에 그의 어머니께서 사정을 들으시고는
나에게 죄송하다는 말을 건넸습니다.
당신도 힘들다는 걸 잘 알고 있다고.
그리고 고맙다고 하셨죠.

자녀의 잘못을 부모가 대신 사과합니다.
대신 작아지신 그 모습과 그 마음이
마치 하나님 아버지 같았습니다.

"그 아이가 많이 힘들게 했지?
나도 힘들다는 걸 알아.
미안하단다.
그리고 고마웠단다"

어쩌면 하나님은
그간 나의 미성숙하고 모난 행동들,
내 연약한 모습 때문에
다른 사람에게 대신 사과하셨을지 모릅니다.
내가 무엇을 잘못했는지도 몰라
사과도, 감사의 표현도 하지 않는 그때에도
하나님은 내 뒤에서 나를 대신해 사과하시며
그렇게 많이 작아지셨을 겁니다.

그 사랑으로
여기까지 오게 되었습니다.
감사합니다, 하나님.

그 크신 분이 나를 위해
작아지셨습니다.

그게 사랑인가 봅니다.

그
분
의

기
쁨
은

한 부모에게서 나오고 자란 자녀들인데도
성격과 생각이 참 많이 다릅니다.

어른이 되면 삶의 방식도 달라지고
살아가는 삶도 달라져서 그런지
자녀들이 한자리에 모두 모이면 말도 많고 탈도 많죠.

그런데도 부모님은 꼭 자식들이
한자리에 모였으면 좋겠다 하십니다.
그렇게 다 같이 모여있는 모습이 정말 좋은가 봅니다.
자식들이 싸우지 않고 행복하게 지내는 모습을 볼 때면
얼굴에 미소가 담기죠.
그게 바로 부모님의 기쁨인가 봅니다.

생긴 것도 마음도
각자 받은 삶과 살아내는 삶이 다른 우리가 한데 모여
함께 즐거워하는 모습을 보시고는
하나님 아버지도 배불러 하십니다.

자녀들이 한자리에 모여 화목하게 지내는 것
그것이 하나님의 큰 기쁨입니다.

흔적

오랜만에 본 아빠의 손에는
굳은살과 상처 자국이 참 많았습니다.
눈에 보이지 않는 곳에는 더 많은 자국이 있었죠.
모든 상처 자국은 수십 년간
사랑과 헌신의 대가로 얻은 흔적이었습니다.

그 흔적으로 알 수 있었습니다.
그간 어떤 삶을 살아내셨는지를,
얼마나 사랑으로 헌신하셨는지를.

믿는 자에게는
따라오는 책임이 있습니다.
바로 내 인생에
예수 그리스도의 흔적을 남기는 것.

편하게 믿고 싶은 마음
세상 즐거움을 누리고 싶은 마음을 내려놓고
그분의 말씀에 따라
세상과 구별된 삶을 살아내며 인생에 남긴 흔적을.

때로는 세상의 진리를 따르지 않아
손해도 보고, 낙심하여 주저앉기도 하지만
뒤돌아보면 그 시간과 마음들이 모여
언젠가 내 삶에도 그리스도의 흔적으로 남아 있을 겁니다.

그 흔적이
하나님 아버지를 향한 사랑이었으면 좋겠습니다.

슬픔을 아시는 주

그분은 슬픈 내 마음을 쉽게 지나치지 못하십니다.
알고 계시기 때문입니다.
거절감과 배신감이 얼마나 마음에 상처를 남기는지,
가족에게 인정받지 못한 마음과 친구를 잃은 슬픔
아들을 잃은 아픔이 얼마나 견디기 힘든지를.

하나님은
슬픔을 그분에게 말할 때까지 기다려주실 겁니다.
하지만 너무 오래 기다리게 하진 않았으면 좋겠습니다.
기다리시는 만큼
자녀의 슬픈 모습을 계속 봐야 하는 것이
부모에게는 큰 아픔이기 때문입니다.

마음의 이야기를 들어줄 사람이 필요할 때
눈물 흘리고 싶을 때
마음이 우울한 날도
그분의 이름을 부르고
마음을 하나님께 솔직히 이야기하세요.

그분은 눈물이 마를 때까지
나와 함께 계셔주실 겁니다.

우리의 모든 슬픔을 이미 담당하셨습니다.

내가 같이 있어줄게

사랑의 크기

부모님들은 그렇게 자식들에게 섭섭한 게 많다 합니다.
왜 그렇게 섭섭한 게 많을까 싶었는데
이미 사랑의 대가를 지불하셨기 때문이었습니다.

사랑하는 법을 먼저 배운 사람이
먼저 사랑을 주고 그 대가를 치렀던 것이죠.
그분들은 사랑을 주셨다 하지만
사실 자신의 전부를 주신 것이었습니다.

사랑의 크기는 똑같지가 않습니다.
누군가가 먼저 사랑했다면
사랑을 받은 사람이,
사랑의 대가를 지불한 사람이 있다면
그 사랑을 온전히 받은 사람이 있기 마련이고,
부모님 그리고 하나님은 언제나 전자가 되어주셨죠.

하나님이 우리를 사랑하시는 것보다
그분을 더 많이 사랑한 사람은 없을 겁니다.
그분은 아들 예수 그리스도를 내어주심으로
우리가 감당할 수 없는 사랑의 대가를
이미 온전히 치르셨기 때문입니다.
감당할 수 없는 사랑의 크기를 우리에게 보여주셨죠.

부모의 사랑이 또 그분의 사랑이 크고 위대한 이유는
그분들이 이미 치렀던 사랑의 대가가 있었기 때문입니다.

마음이 허할 때면 집밥이 생각납니다.
집밥이 따뜻한 이유는
언제 찾아가도 조건 없이 나를 받아주는
깊은 사랑이 담겨있기 때문이겠죠.

그 온기로 마음의 허기를 달래고
사랑을 충전합니다.
그 힘으로 일상을 다시 살아내죠.
마음이 허했던 이유는 사랑이 고파서였습니다.

많이 있으니까
체하지 않게 천천히 먹어

이뤄놓은 게 없는 것처럼 느껴지는 날
분명 열심히 살았는데 손에 쥐어지는 게 없는 날
무언가를 이뤄야 한다는 버거운 마음에
주저앉고 싶은 날에는 아버지 집에 갑니다.

그분께서 차려주시는 말씀은
속상했던 내 마음을 회복시키고
다시 일어설 힘과 용기를 줍니다.
허한 마음을 사랑으로 달래주시죠.
그 힘으로 새로운 일상을 또 살아냅니다.

우리 아버지 집에는
그분께서 오로지 나만을 위해 차려주시는 말씀에는
나를 살리는 따뜻한 힘이 있습니다.

끝없는 사랑

내 힘으로 누군가를
끝까지 사랑하는 것이 가능할까요.

상대의 연약함이 싫어
적절한 거리를 유지한 적이 있습니다.
상대가 나를 아프게 한 만큼
나도 상대를 아프게 한다는 것을 알고 나서는
그 아픔을 견뎌내기 어려워 관계를 끊은 적도 있죠.

그렇게 나에게는 없는 사랑을 과연 배울 수 있을까요.
하고 싶어도 할 수 없는 사랑을 나는 할 수 있을까요.

그래서 하나님께 고백합니다.
'나는 할 수 없습니다'라고.
하지만 하나님께서는 그 고백 속에 숨겨진
또 다른 의미를 알고 계시죠.
'하나님 도와주세요'라는 내 마음을.

이제는 상대의 연약함을 보고 지레 겁먹어
도망치지 않았으면 좋겠습니다.
오히려 그 시간을 통해 사랑을 배우고
하나님 아버지를 닮아가는 시간으로 만들어 보렵니다.

그분께서 나를 포기하지 않고
끝까지 사랑하셨던 것처럼요.

아버지께서 하셨다면
나도 해낼 수 있도록 도와주실 겁니다.

그래, 포기하지 않겠습니다.

흠

겉모습보다 마음이 언제나 먼저입니다.
흠이 없는 사람은 없으나
마음에 있는 흠은
날카로운 화살이 되어 주변 사람들을 공격하죠.
흠이 아예 없으면 좋겠지만
그게 불가능하다면
마음보다는 내 겉모습에 있는 것이
나을지도 모릅니다.
하나님은 마음을 보시는 분이시니
그분께만 소망을 둔다면
겉에 있는 흠은 흠이 아닐지도 모르죠.

마음이 건강한 게 언제나 먼저입니다.

부모가 움직이지 않는다면
자녀들의 일상은 무너집니다.

아이가 걷고 뛰며 말을 배울 수 있었던 것
남을 배려하고 사랑하는 마음을 배울 수 있었던 것은
모두
부모가 작고 작은 자녀를
성실히 섬겨주었기 때문이죠.

부모의 성실함은
자녀의 삶을 지지하는 토대가 됩니다.

내가 부모님과의 관계를 포기하지 않는 한
나를 향한 부모님의 성실하심은 끊어지지 않고,
설령 포기할지라도 그런 나를
끝까지 잡아주는 분이 계십니다.
하나님 아버지.

하나님도 우리의 일상이 무너지길 원하지 않으십니다.
우리 삶이 믿음 위에 굳건히 서길 원하시죠.

오늘도 아버지 되시는 하나님은
우리를 위해 성실히 일하실 겁니다.

난 말이야
네가 행복했으면 좋겠단다

'난 말이야. 네가 행복했으면 좋겠단다.'

모든 부모가 원하는 것은
자녀들이 행복한 삶을 살아가는 것입니다.
때로는 행복의 기준이 잘못되어
자녀들에게 잘못된 강요를 하고 실수도 하지만
자녀가 행복하길 원하는 그 마음만은 변함이 없죠.

하나님께서도 그분의 자녀들이 행복하길 원하십니다.
그리고 그 행복이
하나님 안에 있을 때 누릴 수 있다는 것도 아시기에
그분 안에 거하라 말씀하셨죠.

아버지의 품 안에 있는 자녀가
가장 평안하고
가장 행복한 법입니다.

혼자 감당해야 할 짐은 평생 사라지지 않습니다.
짐의 무게가 다를 뿐
어린아이부터 노년에 이르기까지
우리는 모두 마음의 짐을 짊어지고 살아가죠.

평생 져야 할 짐과 그로 인한 두려움으로
인생의 작은 돌멩이에도 걸려 넘어지곤 하지만,

괜찮습니다.
우리에게는 평생 우리를 일으켜 세워주시는
아버지의 손길이 있기 때문이죠.

우리는 그분의 평생 자녀입니다.

속사정

한 부모 밑에서 자랐다고 해서
자녀들이 부모의 마음을 공평하게 아는 것은 아닙니다.

부모는
자신들에게 자주 연락하고 이야기를 잘 들어주는
특별히 당신들의 마음을 잘 알아주는 자녀에게
속사정을 털어놓기 마련이죠.
때로는
부모가 표현하지 않은 속마음도 알아볼 수 있는 게
그분을 아는 자녀입니다.

부모에게 항상 기쁘고 행복하다는 말만 들었다면
그것은 아직 부모의 마음을
잘 모르고 있는 건지도 모릅니다.
혹은
그동안 내가 원하는 것만 요구했던 것은 아니었을까요.
아직 부모의 속 이야기를 담을 그릇이
나에게는 아직 없는 건지도 모르죠.

진정한 관계는 마음을 하나씩 주고받을 때 시작됩니다.
하나님과 속 깊은 관계를 맺을 수 있으면 좋겠습니다.

있는 모습 그대로

장애가 있는 한 학생이
자신의 감정을 꽤 솔직하게 표현했고
그 모습에 많이 울고 웃었습니다.

싫으면 싫은 거고 좋으면 좋은 겁니다.
때로는 미운 말을 하고
자신에게 해를 가하는 행동을 하지만
그 또한 자신을 표현하는 있는 그대로의 모습이었죠.

때로는 그 모습이 너무 적나라해 눈살을 찌푸렸지만
하나님은 그 모습을 보고
"사랑스럽다" 말씀하셨습니다.

생각해보니 내가 너무 꾸민 거였습니다.
괜찮은 척, 어른인 척, 큰일 아닌 척
무슨무슨 척을 참 잘했던 거죠.

나의 있는 모습 그대로가
얼마나 쪼잔한지 얼마나 나약한지
다른 사람들은 모를 겁니다.
사람들이 받아줄 수 있는 정도로
만든 내 모습만 봐왔기 때문에.

네가 생각하는 것보다
넌 꽤 괜찮고
완벽하단다

있는 모습 그대로 받아준다는 건
나의 모진 모습들 또한 받아준다는 말입니다.
하나님께 있는 모습 그대로 나오라는 말은
나의 쪼잔하고 겁 많고 호들갑 떠는
그 모습 그대로도 완벽하니
그분께 나아오라는 말이죠.
남들에게 보여주기 부끄러운 모습 그대로
내 상처도 있는 그대로
괜찮으니 가져오라 하십니다.
그 또한 당신의 사랑으로 품어주겠다 하시죠.

그러니 있는 모습 그대로 하나님께 나아가세요.
그분은 분명 내 모습을 보고 말씀하실 겁니다.
사랑하는 내 자녀라고.
그렇게 품어주실 겁니다.

사랑받고 싶었을 뿐이야

초등학교 때 교통사고로
장애라는 평생 짊어져야 할 짐을 가지게 되었다고 합니다.
자신의 실수는 아니었지만
장애라는 이유로 사람들에게 치이고
이유 없는 미움과 아픔을 경험했다고 했죠.
그렇게 받은 상처들 때문인지
항상 짜증 섞인 말투로 상대방을 비난하곤 했습니다.

"사랑받고 싶었을 뿐이야"

이해되지 않는 그 사람을 보고
하나님은 말씀하셨습니다.
단지 사랑받고 싶었을 뿐이라고.
그렇게 모난 모습들, 험한 말들과 감정들 모두
사랑 때문에 그랬던 거라고 말이죠.

그렇게 하나님은
사랑받지 못한 아픔과 서러움,
사랑받고 싶은 간절함을 이해하셨습니다.
완전한 사랑이 필요하다는 것도.

사실 우리에게는 답이 없습니다.
이미 금이 가버려서
때로는 깨져버려서
부어도 부어도 채워지지 않는
공허한 마음을 채울 길이
우리에게는 없죠.

완전한 사랑을 주시기 위해
영원한 사랑을 주시기 위해
이 땅에 오신 예수님.
오직 그분만이 깨져버린 마음에
넘치도록 사랑을 부어주실 것입니다.

그분의 사랑은 완전하기 때문입니다.

하나님, 오늘은 어떠셨나요

초판 1쇄 발행	2022년 10월 24일
초판 3쇄 발행	2025년 1월 22일

지은이 　　김유림(라이트니스)

펴낸이	여진구
책임편집	최현수
편집	이영주 박소영 구주은 안수경 김도연 김아진 정아혜
책임디자인	마영애 │ 노지현 조은혜 정은혜
홍보·외서	진효지

마케팅	김상순 강성민	마케팅지원 최영배 정나영
제작	조영석 허병용	경영지원 김혜경 김경희

303비전성경암송학교 유니게 과정
이슬비전도학교 / 303비전성경암송학교 / 303비전꿈나무장학회

펴낸곳 　　규장

주소 　06770 서울시 서초구 매헌로 16길 20(양재2동) 규장선교센터
전화 02)578-0003 　팩스 02)578-7332
이메일 kyujang0691@gmail.com 　　홈페이지 www.kyujang.com
페이스북 facebook.com/kyujangbook 　인스타그램 instagram.com/kyujang_com
카카오스토리 story.kakao.com/kyujangbook
등록일 1978.8.14. 제1-22

규 | 장 | 수 | 칙

1. 기도로 기획하고 기도로 제작한다.
2. 오직 그리스도의 성품을 사모하는 독자가 원하고 필요로 하는 책만을 출판한다.
3. 한 활자 한 문장에 온 정성을 쏟는다.
4. 성실과 정확을 생명으로 삼고 일한다.
5. 긍정적이며 적극적인 신앙과 신행일치에의 안내자의 사명을 다한다.
6. 충고와 조언을 항상 감사로 경청한다.
7. 지상목표는 문서선교에 있다.